一(いち)からはじめる英和辞典
メタ認知能力を身につけよう

中山 夏恵・大崎さつき

目 次

はじめに　―なぜ英語学習で辞書が大切なの？―　　　　　　　　　4

第1章　辞書がうまく引けない要因　　　　　　　　　　　　　　　7
　　問題　その1－紙辞書の使い方の基礎知識　　　　　　　　　　7
　　問題　その2－使えている？電子辞書の機能　　　　　　　　　8
　　問題　その3－辞書引きでも大切！
　　　　　　　　　学習の自己管理能力（メカ認知能力）　　　　　10
　　事例1　知っている意味を捨てきれない　　　　　　　　　　　11
　　事例2　推測した意味を検索している最中に忘れる　　　　　　11
　　事例3　辞書から情報を見つけられない　　　　　　　　　　　12

第2章　辞書をうまく引くには、どんな力が必要？　　　　　　　14
　1．辞書の使い方についての知識－基本的な知識　　　　　　　　15
　　★「この辞典の使い方」（表記に関する凡例）を読んでみよう！　15
　　★英語の辞書ってどうやって引くの？　　　　　　　　　　　　16
　　　　アルファベット順　　　　　　　　　　　　　　　　　　　16
　　　　見出し語、品詞、変化形　　　　　　　　　　　　　　　　17
　　　　形容詞の比較級と最上級　　　　　　　　　　　　　　　　17
　　　　用例を見よう　　　　　　　　　　　　　　　　　　　　　19
　　　　重要語の表示　　　　　　　　　　　　　　　　　　　　　19
　　　　数えられる名詞と数えられない名詞　　　　　　　　　　　20
　　　　そのほか：one's や oneself は何を指すの？　　　　　　　　20
　　　　そのほか：「～」は何を指すの？　　　　　　　　　　　　21
　　★発展的な意味調べ　　　　　　　　　　　　　　　　　　　　22
　　　　成句の調べ方　　　　　　　　　　　　　　　　　　　　　22
　　　　数字で始まる表現の検索方法　　　　　　　　　　　　　　23
　2．辞書を楽しむために―知っていると得する応用知識　　　　　24
　　　　イラスト　　　　　　　　　　　　　　　　　　　　　　　24
　　　　多義語の複数ある意味（単語のイメージをつかむ）　　　　26
　　　　どんな場面で使えるの？（レジスター）　　　　　　　　　28
　　　　誰と仲良し？（コロケーション）　　　　　　　　　　　　29

その語はどこ出身？（語源）	30
3．引く前に推測しよう	31
4．学習を自己管理することの重要性－メタ認知能力を養う	34
メタ認知能力と辞書検索	34
自己評価のためのチェックリスト	37
5．電子辞書の使い方に関する知識	39
★電子辞書と紙辞書の違いって？	39
★基本操作	40
★便利な機能	42
①成句検索機能	42
②例文検索機能	44
③ジャンプ機能	44
④履歴・ヒストリー・しおり機能	45
⑤スペル検索機能	45
⑥スペルチェック機能	46
⑦複数辞書検索	46
⑧音声機能	47
第3章　辞書力を鍛えよう―実践編	**48**
引用させていただいた辞書と本書の掲載ページ	64
主な参考文献	66
著者紹介	67

はじめに
―なぜ英語学習で辞書が大切なの？―

　主体的に英語を学ぶ上で、辞書の使用は不可欠です。しかし、辞書を持っていることと、それを使いこなせることは、別問題です。辞書を使いこなすには適切なスキルが必要になるのです。

　スキルを身につけるには、学習者自身が常日頃から、辞書に親しむことが大切です。適切な辞書指導も有効です。高校の新学習指導要領（外国語）では、辞書指導を通じ「生涯にわたって、自ら外国語を学び、使おうとする積極的な態度を育てるようにすること」と書かれています。つまり、適切な辞書指導は、学習者が自律して問題を解決する能力を獲得する手助けになるだけでなく、生涯学習の観点からも肯定的な影響を与える可能性を秘めていると考えられます。

　それでは、学習者は辞書と親しむために、何を行うとよいのでしょうか。教師は、限られた授業時間内で、辞書を用いて何から指導したらよいのでしょうか。本書は、主に、英和辞典を使用して英文読解を行う上で必要な知識や方略を紹介するものです。ただし、全ての章を同じように読む必要はありません。本書は、読者の皆さんそれぞれの目的やレベルに合わせて活用してもらうことができます。そのために、まず、簡単な辞書力自己診断表を使って自分の辞書力を確認してみて下さい。以下の項目のうち、自分ができると思ったものには、全てチェックして下さい。

辞 書 力 自 己 診 断 表	✓
a1　辞書に用いられている©、Ⓤの記号の意味を説明できる	☐
a2　"take part in" を辞書で調べられる	☐
a3　辞書を意味調べ以外の目的のために使うことがある	☐
b1　電子辞書の利点を3点あげられる	☐
b2　電子辞書の成句検索機能を使える	☐
b3　電子辞書の複数辞書検索機能を使える	☐
c1　辞書を引くときは、調べようと思っている単語が本文の内容理解に必要か判断した上で引いている	☐
c2　辞書を引く前に、調べたい単語の意味や品詞を推測する	☐
c3　辞書で調べた意味を元の英文（本文）に当てはめて、意味が通るか、あるいは内容に合うか確認できる	☐

【採点法】

★同じアルファベットの付してある項目ごとに集計しましょう。もっとも得点の高かった項目が、あなたの得意な項目、反対に低かった項目は、苦手な項目です。

★苦手な項目が特定できたら、自分が苦手な原因を理解し、必要な知識を身につけていきましょう。そのため、以下に示したページを重点的に読みましょう。

項　　目	出来ない原因を探ろう	知識を身につけよう
a（　）個	第1章　問題－その1	第2章　1＆2
b（　）個	第1章　問題－その2	第2章　5
c（　）個	第1章　問題－その3	第2章　3＆4

この結果を参考に、まず第1章では、自分の苦手な原因を理解しましょう。第2章では、自分が苦手な項目について重点的に読むことで、辞書引きに必要な知識や方略を理解しましょう。第3章は実践編です。自分が、身につけたい知識を理解できたか、いくつかのActivityを行い確認しましょう。このように、本書は、わからない原因を突き止める→必要な知識を得る→学習した知識を練習し、どの程度理解できたかを確認するというプロセスをたどる辞書学習をお勧めします。辞書学習に限らず、あらゆる学習において大切になるこのプロセスは「メタ認知能力」を活かした学習法です。この「メタ認知」は、国立教育政策研究所（2013）により「21世紀型能力」のひとつとして挙げられており、学習者にとっては、今後さらに重要になる能力だと考えられます。メタ認知能力の詳細については、第2章の4を読んでください。
　本書を通じて、一人でも多くの学習者がメタ認知能力を身につけ、辞書の世界を楽しめるようになることを心より祈っています。

第1章
辞書がうまく引けない要因

　辞書を引いても探している意味が見つからないという経験は、誰しも身に覚えがあるでしょう。では、なぜ辞書がうまく引けないのでしょうか。本章では、大学生の辞書引き行動を観察した結果[1]を基に、学習者が辞書を使用するとき、どのような点でつまずいているのか、それを克服するにはどうすればよいかについて考えてみたいと思います。

問題その1　紙辞書の使い方の基礎知識

　紙の辞書を効果的に使用するには、辞書使用のための基礎知識[2]を身につけている必要があります。たとえば、辞書で用いられている記号や表記、それがどこに書かれているか等を理解していないと、自分の探している意味を選ぶ際、判断に悩むことになります。私たちの調査でも、基礎知識の欠如から検索に時間がかかりすぎ、結果として検索をあきらめたり、辞書の最初に記載されている意味（第一義）しか確認しなかったりという検索行動が確認されました。

　加えて、このような紙辞書の基礎知識は、電子辞書の使用にも影響を与えることがあります。使用が簡便であると考えられている電子辞書ですが、基本的には、紙辞書の記号や構造がそのまま用いられているため、紙辞書の基礎知識の理解が必要になるのです。

1　中山・大崎（2009）
2　この基礎知識については、第2章の1と2で詳しく説明しています。

【克服法】

　ここで説明した基礎知識は、単純に知識の有無を問うものであるため、学習しやすく、そのための教材も比較的入手しやすいことが考えられます。辞書の記号や表記、構成に慣れるような活動は、辞書付属のワークブックや、市販の教材でも扱われています。また、紙の辞書は、必ずこれらの情報について、初めの数ページを割いています（たとえば「この辞書の使い方」の項）。まず、自分のもっている辞書を見直してください。そして、その辞書には、どのような記号や表記が用いられているのかを理解しましょう。これらの記号を理解することで、辞書から得られる情報量は格段に増えます。品詞（動詞、名詞など）や三単現の-s、動詞の過去形や過去分詞形（語尾に-edをつけた規則変化、不規則変化（例：go-went-gone））、あるいは形容詞の比較級や最上級（-er、-est）などの語形変化についての情報に加え、その語は正式な場でのスピーチなどで用いることができるのか（レジスター）、もともと、どの言語や作品に由来した語（句）なのか、などの社会文化的な情報も得られます。紙辞書の知識を活用することで、英語という言語に内在する文化に触れることができるようになるのです。

> 詳しくは第2章1＆2へ

問題その2　　使えている？電子辞書の機能

　電子辞書を効果的に検索するには、紙辞書の基本的な知識の習得に加え、電子辞書特有の機能[3]を理解する必要があります。たとえば、「複

---

[3] これらの機能名は、電子辞書の機種により異なるため、私たちの調査対象となった学生の多くが使用していたCasioのEx-wordで用いられている機能名を用いて説明をします。

数辞書検索」や「ジャンプ機能」を活用できることなどがこれにあたります。

調査[4]の結果、電子辞書の活用では、初級者も上級者も、同じところにつまずく傾向が見られました。両者共によく使用している機能には、「成句検索」「成句・複合語検索」「例文検索」がありました。一方、全く活用が確認されなかった項目には、「複数辞書例文検索」「ジャンプ機能」がありました。

「複数辞書例文検索」とは、その電子辞書に搭載されている辞書全ての中から、探している単語や成句、慣用表現やコロケーション（連語）を提示してくれる機能です。一般の学生にとって、自分が調べようと思っている2語以上の表現が「成句」なのか判別するのは非常に難しいでしょう。辞書によってもどれを成句とするかは編集者や出版社に一任されているようです。そのような場合、「複数辞書例文検索」を使用すれば、その語句が成句かどうかを判断する必要はありません。しかし、初級学習者と同様、上級学習者も「例文検索」を行えば、意味がすぐに提示される表現であったにもかかわらず、「成句検索」「成句・複合語検索」のみを利用して検索したため、意味にたどり着けなかった例がありました。英文を読んでいる途中で、「この単語の意味についてはちょっと不確かだから、確認したいな」と感じたとき、機能の理解が不十分なため、効率的に意味確認を行えないのでは、折角の「検索の速さ」という電子辞書の利点が活かせません。電子辞書を使用するのであれば、最低限の機能に習熟する必要があるのです。

【克服法】

電子辞書に特有の機能を活用できるスキルも、適切な知識と練習で身

---

[4] 中山・大崎（2009）

につけることができます。電子辞書は、検索が「速い」という利点があります。しかし一方で、紙の辞書以上に一覧できる画面が限られているという特徴があります。つまり、1つの画面に収めるために、求めないと得られない情報もあるのです。機能を知らなかったために、得られない情報があるのは、非常にもったいないことです。キーボード上にある機能の内、知らないものがある場合は、必ず取扱説明書を確認しましょう。電子辞書には、たくさんのデータが内蔵されていることから、紙辞書にはない使い方もできます。「複数辞書検索」のように辞書を横断的に検索することでたくさんの情報を一覧で見られるというのもその一例です。また、-fulなどの接辞[5]がつく語を抽出して、一覧することもできます。一度、お友達同士で、自分の知っているこれらの「裏ワザ」を紹介し合う機会を持ってみませんか。自分では知らない使い方をお友達が知っている、反対に、自分が教えられることもあるかもしれません。電子辞書は、紙辞書よりも高価ですが、それを補うだけの使い方ができます。そのためには、電子辞書の機能についての知識を身につけることが必要になるのです。

詳しくは第2章5へ

問題その3　辞書引きでも大切！学習の自己管理能力（メタ認知能力）

私たちの行った調査からは、学習者が調べたい語の意味や品詞を事前推測ができない、あるいは、推測できても、その推測結果を辞書検索

---

[5] 接辞とは、他の単語について、意味や品詞を変える単語の部分のことを意味します。単語の前につくものを接頭辞、単語の後ろにつくものを接尾辞といいます。例えば、unhappinessという単語は、un-という接頭辞と-nessという接尾辞から構成されています。

の過程において活用できないため、文脈に最も合った意味を判断できない等の問題がみられました。このように、自分が辞書を引く過程を客観視して、自己管理できないと、何のために辞書を引いているかという「目標」を見失い、文脈に合った意味を選ぶという辞書引きのゴールにたどり着けません。このように、うまく自己管理できなかったため、辞書検索に失敗した事例を3つご紹介したいと思います。

〈事例1〉 知っている意味を捨てきれない

学習者は「あっ、これ知っている」という既知感を持つと、それに囚われてしまい、知らない単語であっても「未知語」として認識できないといわれています[6]。私たちの調査結果でも同様の事例がいくつか確認されました。例えば、動詞と名詞の2つの品詞をもつ単語であっても、学習者はそのうちの1つの品詞の意味しか知らない場合があります。そのような場合に、英文から推測した品詞や意味が「名詞」であっても、自分の知っている「動詞」の意味を選び、その意味に合わせて、文脈を変えて解釈してしまうなどです。これは、初級学習者に非常に典型的な検索行動でした。せっかく、検索前にその単語の品詞や意味を推測していても、これでは、推測が無駄になってしまいます。「今読んでいる英文中の単語の意味を確認する」という辞書検索の目標を見失ってしまったことから生じる問題と考えられます。

〈事例2〉 推測した意味を検索している最中に忘れる

辞書検索を行うときに、事前にその単語の品詞や意味を推測することはとても大切です。私たちが2008年に初級学習者に向けて行ったアン

---

[6] Haynes（1993）

ケート調査からは、その単語の性質によっても違いはありますが、辞書で調べようと思った単語の品詞や意味を推測することの重要性が、初級学習者にもある程度浸透していることがうかがえます。

　一方、インタビュー結果からは、検索前に推測していた意味や品詞を辞書で調べている間に忘れてしまうという事例がみられました。例えば、Aさんは、当初、例文中で調べることが求められた語 rights（この場合、名詞で「権利」という意味）を名詞と判断していたにもかかわらず、辞書を引いた結果、第一義として記載されている「正当な（形容詞）」という意味を選択しました。インタビューで、なぜ推測した品詞と最終的に選んだ品詞が違ったのかを聞くと、そこで、初めて推測と異なる品詞を選んだことに気がつき、驚いていました。つまり事前推測はできても、その推測結果を辞書検索の過程で活用出来ないという問題がみられました。これは、事前推測が、「文脈に合った意味を辞書から探す」という目標を達成するための１つの手段であるという認識が不足していることが原因だと考えられます。つまり、自らの学習過程を管理できていないため、生じる問題だと考えられます。

〈事例3〉 辞書から情報を見つけられない

　これは、辞書検索時に、学習者の多くが経験したことがある問題かもしれません。英英辞典を対象とした調査[7]においても、同様の問題が指摘されています。その単語の見出し自体が見つからないという場合、また、見出しの中で、どれが自分の求めている正確な意味（語義）かわからないという場合もあるでしょう。前者のような問題を引き起こす原因には、たとえば、アルファベット順の知識の欠如や、成句の場合、どの

7　Neuback and Cohen（1988）

単語を調べればいいかわからない（たとえば "from head to toe" の場合、head の項を引くか、toe の項を引くか）などが考えられます。また、後者のような問題を引き起こす原因としては、語義の配列、または記号や表記に関する知識不足や、英文の文脈への意識が十分に向けられていないことなども考えられます。つまり、単純な知識不足のほかに、この問題の背後には、辞書検索の目標に照らし合わせて、自分の検索結果をうまく自己評価できないという問題も含まれています。このような問題を抱えている学習者は、自分の学習過程を自己管理しきれていないと言えるでしょう。

【克服法】

　ここで扱った問題は、いずれも、学習者が自らの学習過程を十分に管理できなかったことから生じており、知識を与えるだけでは解決しないと考えられます。それでは、どうすれば、辞書を引く過程を管理できるようになるでしょうか。1つには、自分が辞書を引く過程を客観視する機会を作ることです。例えば、推測した品詞や意味を英文中に書き留めるなど、自分の検索行動を書きとめながら辞書を検索し、検索後に自分の行動を振り返る（省察）ことで、一連の検索行動を振り返る練習をしてはいかがでしょうか。これらの練習を通じて、自分の検索する過程を客観視し、どこでつまずいているかを意識することは、今後の辞書検索行動に良い影響を与えることが考えられます。

詳しくは第2章3&4へ

第2章
辞書をうまく引くには、どんな力が必要？

　辞書をうまく引くには、どのような力を備えている必要があるのでしょうか。表1は、私たちの考える辞書使用に求められる能力をまとめたものです。本章では、この表を参考に、辞書使用に求められる能力について考えてみたいと思います。

表1　辞書使用に求められる能力

		辞書検索に求められる能力
紙辞書の使用に必要な知識	基本	単語や成句の意味や用法などを確認するために求められる辞書の記号や表記に関する知識やその検索方法を知っている☞check第2章1
	応用	単語や成句の意味以外の情報（たとえば、外国の社会や文化に関する知識や、単語のイメージやニュアンス）を得るために必要な辞書の記号や表記に関する知識やその検索方法を知っている☞check第2章2
電子辞書の機能面に対する知識		用例の検索の方法や「成句検索」や「ジャンプ」などの機能を知っていて、活用できる☞check第2章5
推測能力		品詞や意味を事前推測できる、どの見出し語も自分が調べている文脈に当てはまらない場合、得られた複数の意味から、文脈に合った意味を類推する、など☞check第2章3＆4
学習を自己管理する能力（メタ認知能力）		文脈に合った意味を探すという目標を達成するために、随時、自分の検索過程や検索方法を振り返り、辞書を調べる。そして、最終的に目標を達成したか、文脈に当てはめて自己評価をする、など。☞check第2章3＆4
英語力		品詞や文法の理解

第2章　辞書をうまく引くには、どんな力が必要？

1　辞書の使い方についての知識－基本的な知識

★「この辞典の使い方」（表記に関する凡例）を読んでみよう！

　辞書には多くの情報を整理して記載するために様々な記号や表記の工夫がされています。まずは辞書の最初の数ページを開いてみましょう。「この辞書の使い方」や「表記に関する凡例」などとして、辞書に使い方が説明されています。**見出し語**、**品詞**（例：動 動詞、名 名詞など）、**変化形**（複＝複数形、過去＝過去形など）、**語義**、**成句**などが辞書のどの部分にどのように表記されているかクラスで一緒に確認しておきましょう。

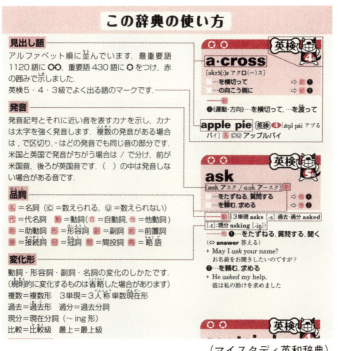

（マイスタディ英和辞典）

★英語の辞書ってどうやって引くの？

• アルファベット順

　国語辞典であれば、あいうえお順ですが、英語の辞典はアルファベット順に単語（見出し語）が並んでいます。「見出し語」とは、辞書が情報を記している単語のことで、一般的には、太字で記され、その後ろに説明部分が続く構成になっています。

　アルファベット順なのは、英単語を調べる上で、利便性が高いからですね。そこで、英和辞典を有効活用するには、まず、しっかりとその順番を覚えておく必要があります。つめ見出し（小口）やはしら（上部欄外に示してある単語）を活用すると早く引けることなどを確認し、「辞書引き競争」などのゲーム性を持たせた活動で鍛えていくといいでしょう。

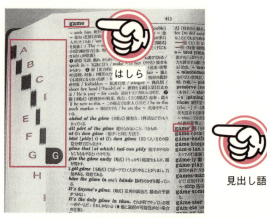

（ジーニアス英和辞典）

第3章　Activity 1

第2章　辞書をうまく引くには、どんな力が必要？　17

• 見出し語、品詞、変化形

　enjoyを例にみていきましょう。まず見出し語は、en・joyやen-joyといったように中点やハイフンを使って表示されていることがわかります。この区切りは、「綴り字の切れ目（分綴点）」といい、単語の途中で改行する場合は、この中点で区切ってある部分で改行しなければならないということです。また、ひとまとまりに発音される音のかたまり（音節）を示し、発音を考えたときにも、アクセントの位置が把握しやすいようになっています。動はこの単語が動詞であることを示しています。その後ろに~s（三単現のs）、~ed（過去形と過去分詞形）、~・ing（現在分詞）といった具合に変化形が記されています。「~」はenjoyを代用していることがわかります。

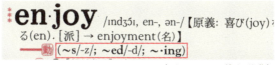

（ジーニアス英和辞典）

第3章　Activity 1&5

• 形容詞の比較級と最上級

　形が変化するのは動詞だけではありません。形容詞は -erや-estなどを語尾につけることで**比較級**や**最上級**に変化します。単語の綴りが長いものについてはmoreやmostを単語の前に置くことで比較級や最上級を表すものもあります。これらの情報はすべて辞書に記載されています。

（ジーニアス英和辞典）　　　　　　　（ジーニアス英和辞典）

第3章　Activity 2

＜ここまでのまとめ＞このように、英文などに書かれている単語全てが辞書において、見出し語として扱われているわけではありません。「語形変化」している語は、独立した見出し語とならないこともあります。

　一般的に語形変化のため、見出し語として扱われないものには、以下のようなものがあります。

品詞	変化形
名詞	複数形〔-(e)s〕
動詞	過去形・過去分詞形〔-ed〕、現在分詞〔-ing〕、3人称単数現在〔-(e)s〕
形容詞	比較級〔-er〕、最上級〔-est〕
副詞	比較級〔-er〕、最上級〔-est〕

　反対に、原形でなくても、見出し語になるものに、不規則変化する語があります。例えば、「broken」は、「break」の過去分詞形です。語形

変化した語ですが、不規則変化している語であるため、辞書では、見出し語として扱われています。

bro·ken /bróukən/
―動 break の過去分詞形．
（ジーニアス英和辞典）

第3章　Activity 7

• **用例を見よう**

　単語を調べるときに、意味の欄しか見ていないとしたら非常にもったいないことです。単語の使い方（用法）や、その単語が、どの単語と一緒に使われるか（コロケーション）、また、その単語の持つイメージやニュアンスを理解する手掛かりがあります。また、英単語を覚えるときも、文脈があった方が覚えやすいと言われています。知らない単語を調べるときは、用例も確認する習慣をつけましょう。

• **重要語の表示**

　重要語の表示は、どの単語から優先的に学習していけばいいのかを教えてくれる便利な表記です。その表記の仕方は辞書により様々です。たとえば、『ジーニアス英和辞典（第4版）』では、＊＊＊＝「Aランク中学学習語、特に使用頻度の高い語」と示されています。中学英和辞典の『マイスタディ英和辞典』では最重要語1120語には星印が2つ、重要語430語には星印1つがついています。

（ジーニアス英和辞典）

辞書によっては、その単語が「英検」で何級か、また、TOEICの頻出語などを表示するものもあります。検定試験対策にも活用できますね。

・数えられる名詞と数えられない名詞

　C 数えられる名詞、U 数えられない名詞については、知らない、あるいは気にしていない学習者がほとんどではないでしょうか。名詞にはこの２種類があることを知っておけば、数えられる名詞にはa, anという冠詞や複数形の-sがつくことがわかるでしょう。また英作文する際には使う単語が数えられる名詞か数えられない名詞かを知っておくことは正確にその単語を使用するうえでとても大切な情報になります。たとえば、foodであれば原則的にはU、つまり数えられない名詞ですが、食べ物の種類を指すときには数えられる名詞として使用するということが辞書の情報からわかります。

（ジーニアス英和辞典）

3章　Activity 8

・そのほか：one's や oneself は何を指すの？
　shake one's head（首を横に振る）という熟語を辞書で見つけた時に

それをそのまま英作文で使用することはできません。one's というのは所有格、つまり、my, your, her, his, its を指しています。ですから、実際に英作文で使用するときには、以下のようになります。

> He shook his head in disbelief.
> （彼は信じられないというふうに首を振った。）

　このように過去の出来事について述べるなら shake の過去形である shook を用い、one's の箇所は主語と一致させる必要があるので、この場合であれば、he が主語ですから his となります。
　同じように talk to oneself などの oneself については yourself, himself, herself, themselves を指しています。

> She often talks to herself.（彼女はよくひとりごとを言う。）

・そのほか：「〜」は何を指すの？
　「〜」は単語（見出し語）まるごとの代用という意味です。例えば study という見出し語の下に「〜 medicine 医学を勉強する」という表記があれば、study medicine というわけです。この記号は、派生形の単語に用いられることもあります。例えば useless の名詞形 uselessness は見出し語として記載しない辞書が多いようです（次ページ参照）。その代わりに、useless という単語の説明の後を見ると、「〜 ness」とあります。これは、「useless」部分を丸ごと「〜」で代用し、その後ろに ness がついていることを示しています。このように、使われる頻度があまり高くない派生形の場合は、その単語（たとえば uselessness）が独立した見出し語にならないこともあります。辞書で単語が見つからない時、useless まで調べることができたら、その後ろまで確認してみましょう。

> **use·less** /júːsləs/ 【[派]← use(名)】
> ──形 (more [most] ~) ❶ (比較なし)〈物が〉[人に
> に]役に立たない, 無用な [to/for] (↔ useful) ‖
> away ~ things 役に立たないものを捨てる / This E
> dictionary is ~ to [for] beginners. この英語の辞
> 心者には役に立たない / This knife is ~ for cutting
> このナイフは肉を切るには役に立たない / Both limbs o
> left side became ~. 彼は左の手足の自由が利かなく
> ❷ (比較なし) **無益**な, むだな ‖ It is ~ talking [to
> to her. 彼女に話してもむだだ《◆ to talk の方がふつ
> màde a ~ attémpt to reach her by phone. =
> to reach her by phone, but it was ~. 彼女に電
> 絡をとろうとしたがむだであった.
> ❸ (略式)〈人が〉[…するのが]あまり得意でない [at] ; 役
> である ‖ The new employees are utterly ~. 新
> はまったく使いものにならない.
> **be wórse than úseless** 有害無益である, 百害あ
> 利なし.
> ~·ness 名 U 無用, 無益.

（ジーニアス英和辞典）

★発展的な意味調べ

・成句の調べ方

　複数の単語から構成される成句を辞書で引くのは、単語を調べるのに比べ、難しいことが考えられます。一番の問題は、どの単語を調べたら辞書に載っているか判断が求められることです。例えば、 take part inという成句を辞書で調べる場合、「take」と「part」どちらを引くとよいでしょうか？たいていの場合、辞書では、省スペースの関係から、主要語である「take」か「part」いずれかにしか掲載されていません。たとえば、「take」の項を調べて「take part in」が記載されていないか

らといってあきらめないでください。他の主要語（この場合は、「part」）の項に記されている可能性があります。

　成句の検索を効率的に行うには、まず使用している辞書の使い方を記している箇所を読み直してみましょう。どこで成句を扱うかについて、説明がされています。ちなみに、この例で用いられた成句（動詞＋名詞＋前置詞）のパターンでは、名詞の項目に説明を載せている辞書が多いようです。

> *tàke párt (in ...)* （…に）参加する(join；participate in)；…に貢献する ‖ He *took* an active ～ *in* the reform of the system. 彼はその制度の改革に積極的に貢献した / *take* ～ *in* a「boat race [debate] ボートレース[討論]に参加する

（オーレックス英和辞典）

• 数字で始まる表現の検索方法

　日本語と同じように英語には、数字で始まる表現がたくさんあります。例えば、「5つ星」「9月11日」「9時5時」『101匹わんちゃん』などの表現を辞書で調べるときにはどの項目を探したらいいのでしょうか？

　一般に数字で始まる語を検索するときは、まず、その単語を読んでみましょう。英語の表現が正確にわからなくても、まずは、頭の1文字を英語で書いてみて、その単語を見出しとする項目を調べると大抵の場合見つけることができます。

　ちなみに、ここで扱った事例は英語でいうと、5つ星は、five-star、9月11日はnine eleven、9時5時の場合はnine to five（次ページ参照）、『101匹わんちゃん』はOne Hundred and One Dalmatiansになります。

> **nine** /naɪn/
> ── 形 《限定》9の, 9つの, 9人[個]の;《叙述》9
> FIVE 用例) ‖ ～ tenths 10分の9, ほとんど(すべ
> hàve nìne líves 危険を切り抜けられる
> ˈnine tìmes [in nìne càses] out of tén 十中八
> てい
> ── 名 ❶, ❷, ❸ ⇨ FIVE 用例) ❶ U C 《通例無
> 9;C 9の数字(9, ix, IX など) ❷《複数扱い》9
> [個] ❸ U 9時[分];9歳 ❹ 9人[個]1組のもの
> 球の1チーム, ナイン;《the N-》《ギ神》(9人の)ミュ
> Muses) ❺ U C 《ゴルフ》(18ホール中の)9ホー
> front [back] ～ 前半[後半]の9ホール ❻ C 9
> の;(トランプなどの)9;9号サイズ(のもの);(～s)
> ズの靴
> drèssed (ùp) to the nínes 入念に着飾って, 盛装
> nine to five 9時から5時の勤務時間(⇨ NINE-TO
> ▶ ～ dàys' [dày] wónder 名 C 《単数形で》
> 大騒ぎされるがすぐに忘れ去られるもの[人, 事件];
> さも75日 ～ eléven 名 C U 9.11 (の同時多
> 《2001年9月11日に米国内で起きた同時多発テ□
> 9/11などとも書く)

(オーレックス英和辞典)

2 辞書を楽しむために―知っていると得する応用知識

• イラスト

　初中級向けの学習英和辞典を見ると、様々なイラストが多用されています。これらは、単語の文化的情報を記すもの、関連語を提示するもの、多義語や前置詞などのイメージをつかみやすくさせるものなど様々です。このようなイラストと関連情報を意識的に読むことで、単語の知識を深めることができます。ぜひ英単語学習に活用してほしいと思います。

文化的情報の例

　ハウディ英和辞典（第4版）のcountの項には、「日本人の数え方」と「英米人の数え方」が図示されています。日英共に、一度に数えられるのは5までだということがわかりますね。でも、用いている記号が違いますね。

関連語を提示する例

　perhapsの項には、「確実さ」を表す副詞が確実さを表すグラフと合わせて提示されています。実際に、話をする時に、確実の度合いによりどの語を用いればいいのかが一覧できます。

（ハウディ英和辞典）

（マイスタディ英和辞典）

前置詞のイメージを図示する例

　前置詞も、イメージしやすい名詞や形容詞と比べると、学習の負荷が高いと言われています。しかし、このような図を活用することで、前置詞のイメージは理解しやすくなると考えられます。たとえば、この図からは、above が「上の方」であるのに対し、over は「真上」、on は「物の表面に接してる」ことがわかります。

- 多義語の複数ある意味（単語のイメージをつかむ）

　一般に、1つの意味しか持たない単語を覚えるのに比べ、複数の意味を持つ多義語の学習は負荷が高いと考えられています。この多義語の学習攻略法のひとつに複数ある意味を関連付けることでまとめて覚えるという方法があります。辞書によっては、これらを図式化して、学習者が理解しやすくなるように工夫しているものがあります。

　例えば、ハウディ英和辞典（第4版）では、cross の持つ3つの意味に共通するイメージが図式化されています（左図参照）。

また、ルミナス英和辞典（第2版）では、comeという語に関して、語法という観点から図式化して示しています(下の図参照)。この図からは、comeは、話し手の視点のあるところに「来る」ことがわかります。またcomeには、相手の視点のあるところに「行く」という意味もあり、「視点が向いている方向」という観点が重要になることがわかります。これで語の持つイメージがつかめると、「来る」という意味と「行く」という意味両方を表すのにcomeが使われることが理解できますね。

　では、ここで、問題です。「一緒に学校へ行こう」と誘いに来た友人に対しては、「今行くよ！」と答えたいとき、"I'm coming!"と"I'm going!"、どちらがふさわしいか考えてみましょう[8]。

　このような、イメージのつかみづらい類語を理解するにも、辞書は活用できます。基本的な単語こそ、調べてみると、思わぬ発見があるかもしれません。

第3章 Activity 3&6

8　相手の視点のあるところに向かって「今行きます」と答えるのが自然なので、"I'm coming!"となります。

• どんな場面で使えるの？（レジスター）

　皆さんが日本語で会話をするとき、言語を使用する場面によって同じことでも異なる表現を使って表すことがありませんか。たとえば、友人に話す時と先生に話す時、メールをする時とレポートを書くときでは、自然と違う表現を用いているでしょう。このように、その語がどの状況で用いられるか（レジスター）を示す情報も辞書には記載されています。レジスターには、上記の例で扱ったように、丁寧さの度合いを変える「文体」の差異に加え、どの地域で用いられるのか（使用地域）、どの分野で用いられるのか（使用分野）などがあります。これらの情報を知ることは、英語を用いたコミュニケーションを円滑に進めるために有用です。

　たとえば、使用地域を例にとると、first floor という表現が英米で異なる意味を持つことは多くの方がご存知だと思います。実際に辞書を調べると、多くでは「（米）1階（英）2階」と記してあり、意味の差をつかむことができます。辞書によっては、文化的情報を付加するものもあります。グランドセンチュリー英和辞典（第3版）では、なぜ英国では first

> **first flóor** 名C 《米》1階（《英》ground floor）; 《英》2階.
>
> ▸ **1st Floor は1階 or 2階？**
> イギリスでは, first floor は2階を指す. 1階は ground floor, 3階以降は second floor, third floor と続く. 中世の家は2階に出入り口があったため, 最初に入る階という意味で2階が first floor と呼ばれるようになった.
> この構造は, 当時の城が敵の侵入を防ぐために1階に入口を作らなかったことに由来する.

floorが2階を示すかについても簡潔に説明しています（前ページ参照）。

• 誰と仲良し？（コロケーション）

　頻繁に一緒に使われる2語以上の語の組み合わせのことをコロケーションといいます。英作文の授業で、「文法的に間違いではないけど、英語ではあまりそういう表現はしない」と言われた経験はありませんか。近年、独自のコーパス[9]に基づいて作成される辞書が増えてきました。そのため、どの単語とどの単語が仲良しかといったコロケーション情報を入手しやすくなり、辞書に明記するものも増えてきました（下図参照）。これらの情報を活用することで「英語らしい表現」を身につけることができます。たとえば、以下の例からは、testが、どんな動詞とともに使われることが多いかを一覧できます。同様に、学内で受けるテストと学外で受けるテストでは、使用する動詞が異なることや、国によって表現

```
── コロケーション ──
do [run, carry out] a test  テスト[学校以外で検
　査]をする
fail a test  テストで不合格になる、テストに落ちる
give (...) a ─ test  （人に）─のテストを行なう
have a ... test  （...の）テストがある
pass a test  テストに合格する
prepare [make up, 《英》set] a test  テスト（問
　題）を作成する
take [《英》sit (for)] a test  学校でテストを受ける
```

（ルミナス英和辞典）

9　ここでは辞書編纂のために集められた言語資料のこと

が変わること（レジスター）もわかりますね。

　また、左横の例からは、consistの後に続く前置詞を視覚的に把握することができます。

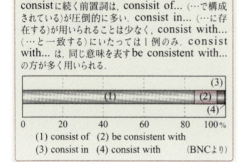

（ユースプログレッシブ英和辞典）

- その語はどこ出身？（語源）

　その単語やその単語を構成する部分がいつ、どのように英語の仲間入りをしたかについての情報（語源）も、辞書から得ることができます。たとえば、単語によっては、他言語から借用した結果、英語で用いられるようになったものがあります。日本語から英語に借用された語の例には、futonやkimonoなどがあります。辞書でこれらを調べてみると『オーレックス英和辞典（第2版）』では、（◆日本語より）という記述が『ジーニアス英和辞典（第4版）』では【日本】と記述されています。

　また、ある単語に接辞を付加することで成り立った単語（派生）においては、それぞれの部分が本来持っていた意味を提示する辞書（下図参照）や単語の一部に、共通する語源をもつ複数の語をまとめて提示する辞書（右頁参照）もあります。このような情報は、初中級向けの学習辞典でも

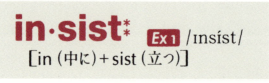

（グランドセンチュリー英和辞典）

探すことができます。これらの情報を知ることで、分析的に英単語を学習できます。

〈語根〉	-SIST-	立つ
in**sist**	上に立つ	→動 言い張る
as**sist**	…へ立つ→そばに立つ	→動 助ける
con**sist**	共に立つ	→動 …から成る
ex**ist**	外に立つ	→動 存在する
per**sist**	通して[ずっと]立つ	→動 固執する
re**sist**	…に対して立つ	→動 抵抗する
sub**sist**	下に立つ	→動 内在する

(ユースプログレッシブ英和辞典)

3　引く前に推測しよう

　辞書にある情報の見方がわかったところで、次に大事なことは知らない単語に出会った時の対応の仕方です。英文を読んでいるときに、わからない単語があるからといってすぐに辞書を引き始めるのではなく、まずはその単語の意味を推測してみましょう。それはなぜでしょうか。せっかく読んだ英文の内容を忘れずに読み進めるため、効率的に辞書から必要な情報を得るためです。人は一度に集中して行うことができることに限界があります。英文を読み進めることが目的であれば、辞書を引くことに多くのエネルギーを注ぎこまないことが大切です。では、どのように単語の意味を推測しながら辞書を引くのでしょうか。

(1)　まずはその単語を知らないと文の大意がつかめないかどうかを判断することから始めます。特にその単語を知らなくても読み進めることができるなら、今すぐにその単語を辞書で引くことは避けましょう。読み進めるのが困難だと判断した単語のみをまずは引く習慣をつけましょう。

(2) 次に調べる必要があると判断した単語の意味と品詞を推測しましょう。手がかりの種類はたくさんあります。しかしこれには多くの単語の知識が必要なことも確かです。特に接頭辞（un-, re- など）や接尾辞（-ful, -ness など）の知識、品詞（名詞や動詞など）の知識などが基礎的な知識として必要になるものも多いです。これらの知識は少しずつでもまとめて学習する機会を持ちましょう。

手がかりの種類	具体例
語構成	・necklace は neck だから首に関するものかな？ ・unhappy は、happy の反意語かな？ ・operation は、語尾に -tion がつくから名詞かな？
単語の発音	tap（タップ）は、スマホを操作するときに画面を軽く叩いてすぐ指を離すあの操作と意味が関連しているかな？など
前後の文脈を活用	長文であれば、トピックや背景知識から推測する 前後の英文からその1文全体の内容を推測する 1文なら前後の単語から知らない単語の意味を推測する
文構造を活用	The bad news made him pale.「pale」は、SVOCのC（補語）の部分にあたるので、名詞か形容詞かな？
その他（品詞の判別に役立つ目印）	・その単語に a, an, the がついている→名詞の可能性が高い ・その単語の語尾に s がついている 　→動詞の三単現の s か、名詞の複数形の可能性がある ・その単語の語尾に -ly がついている→副詞の可能性が高い ・その単語の前に the があり、後ろには名詞がある 　→形容詞の可能性が高い

(3) 次に調べたい単語を辞書で引きましょう。その時には推測した品詞を参考に確認したい意味を探しましょう。名詞だと推測したのであれば、その欄を確認しましょう。最初に記載された意味（第一義）ではなく、推測した意味を辞書から探しましょう。もしその品詞や意味が辞書になければ、再度英文に戻り、その単語の意味などを推測し直しましょう。

(4) まだ終わりではありません。最後に辞書で調べた意味を英文に当てはめて意味が通れば、意味調べ成功です！もし意味がおかしいようであればもう一度、英文に戻り、単語の意味を推測し、辞書からその情報を探しましょう。

　このように辞書を調べることは単純な作業ではありません。実は多くのプロセスを踏んでようやく調べることができるのです。また、辞書や単語の知識を必要とすることがわかったでしょうか。だからといって身構える必要はありません。まずは辞書を手に取る習慣を身につけましょう。そのためにも第2章では、自分の辞書を実際に手に取りながら読み進めることで辞書の引き方を理解しましょう。そして第3章にある実践編の辞書活動を使って、辞書の引き方を実際に身につけましょう。また、第2章2にある「知っていると得する応用知識」にあるように、辞書を読むことを楽しみましょう。何事も学ぶ楽しみがなければ身につきませんよね。また、それと同時に品詞や接頭辞・接尾辞などの知識も合わせて学習することで、上述した辞書を引く前の推測活動もうまくいくようになるでしょう。先生やクラスメイトと一緒に辞書に触れる機会を持つことで、自分一人でも辞書が使える習慣を身につけましょう。

第3章　Activity 4&5

4　学習を自己管理することの重要性－メタ認知能力を養う

　自律した学習者になるうえで、自らの学習を管理する能力はとても重要になります。では、学習を管理する能力とはどのようなものでしょうか。小学生の夏休みの宿題に定番の「学習計画表の作成」を例にとり、考えてみたいと思います。

　たくさんの宿題を計画的に終わらせるためにまずすることは、「学習計画表」の作成です。表を完成させて、机の前に貼ることで計画を明示化します（計画）。随時、表と自分の学習の進捗状況とを照らし合わせ、学習を振り返ることで、どの科目が予定より遅れているか、どのような問題があるか把握できます。振り返った結果、たとえば、「算数の一日あたりの学習時間は、もう少し増やした方がいいかな」とか、「国語の問題を解くには、国語辞典を使った方がスムーズだな」など計画の調整を行います（モニタリング）。そして、夏休みが終わった時に、結果として、うまく学習が進んだか、今後どのような改善が考えられるか自己評価することができます（評価）。

　「学習計画表」を書いただけでは、意味はありません。この例のように、学習者が、「学習計画表」を夏休み中に達成すべき目標であると認識し、定期的に自身の学習過程を振り返り調整し、その結果を自己評価することによってはじめて「学習計画表」の意味があるのです。このように、学習を自ら管理する能力をメタ認知能力といいます。このメタ認知能力は、辞書検索においても、非常に重要になります。

・メタ認知能力と辞書検索

　それでは、辞書を使うときに、このメタ認知能力はどのように活用するのが望ましいでしょうか。次の例文を使って説明したいと思います。

第2章 辞書をうまく引くには、どんな力が必要？ 35

> 問題. 辞書を使って下線部の意味を訳しなさい。
> This gray coat is a better <u>buy</u> than that brown one.

　英語の得意なKちゃんは、愛用の電子辞書を使って課題を解きます。まず英文に目を通し、buyの直前に形容詞（better）があること、さらにその前にaがついていることから、buyが名詞だと判断します。また、読み進め、buyとoneが同じものを指していることに気づきこの文ではbuyが名詞だと再確認します。そして、その推測を念頭に辞書を見ます。buyは、動と名の意味があり、意味の記述部分も比較的長い単語です。初めに、動詞の意味の記述が続き、その後に名詞の意味が続きます。動詞の記述が長いため、スクロールしてもなかなか「名詞」の記述にたどり着けません。ともすると、くじけそうにもなる長い道のりですが、Kちゃんは、目的を認識しているため、名の記述目指して頑張ります。最後にやっとたどり着いた名の項目、意味を見ると「買物」「掘り出し物」などと記されています。そこで、文脈に当てはめてこの検索で良かったかを確認します。そして、文脈から「買物」という意味が合うと判断します。

　次ページの図1はこのKちゃんの頭の中で行われていた行動をモデル化したものです。この表からわかるように、上級学習者は、まず自分が達成すべき目標をきちんと認識しています（計画）。そしてその目標に基づき「モニタリング」を行いながら様々な認知方略（たとえば、意味や品詞を推測をしたり、辞書の複数ある語義から1つの意味を選んだり、選んだ意味を文脈に照らし合わせて再確認したり）を活用し、結果として、適切な意味を選べたかと自己評価しています。

　では、英語があまり得意でないPちゃんの頭の中はどうなっているのでしょうか？第1章でも述べましたが、Pちゃんも、「意味や品詞の推

測」や「辞書で選んだ意味を文脈に照らし合わせて再確認」したほうがいいということは知っています。そして、実際に、行うこともあります。ただし、Kちゃんと大きく違うのは、それが「計画」に基づいたものでないこと、また、随時自分の学習を振り返り、より良い方略を選んだり、進み具合を調整したりする「モニタリング」機能も不足しているということです。また、「計画」に基づいた検索でないことから、最終的にその意味でよいのかを、判断することも（評価）難しくなっています。次ページの図2は、Pちゃんの頭の中を図示化したものです。せっかくいくつかの認知方略についての知識があるにもかかわらず、それを管理する能力（メタ認知能力）が欠けていることが見てわかると思います。Pちゃんがより効果的に辞書を活用できるようになるためには、認知方略をさらに鍛えるのと同時に、それを管理するメタ認知能力を鍛えることが必要になります。

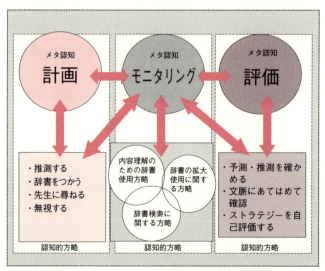

図1　辞書引きに成功している人のメタ認知的活動モデル（大崎・中山、2011）

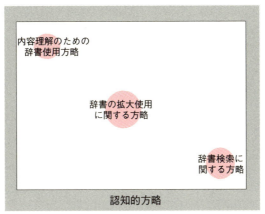

図2　辞書引きが上手くいかない人のメタ認知的活動モデル（大崎・中山、2011）

• 自己評価のためのチェックリスト

　それでは、メタ認知能力はどのように鍛えたらよいのでしょうか。1つには、第1章でも述べましたが、自分が辞書を引く過程を客観視する機会を作ることです。たとえば、自分が引く前に、調べたいと思っている単語の意味や品詞を推測し、それを書き留めましょう。そして、調べている単語のページにたどり着いたら、その推測結果を参考に、さらに細かく、どの意味がふさわしいかを検討するとよいでしょう。意味調べノートをつくり以下のようにまとめてもいいですね。

意味調べノート

調べたい語	事前推測		辞書で選んだ意味　（品詞）
	意味	品詞	
例　buy	買うこと？	名詞	

また、辞書の検索後に自分が、辞書検索を行うときにたどるべき過程をきちんと追っていたのか自己評価するチェックリスト（表2）を活用することができます。

表2．自己評価チェックリスト

英文読解中の辞書検索における自己評価項目	自己評価
(1) 英文（一文、または文章）の内容を理解する上で意味を確認しておくべき語、または確認した方がよい語を、英文中から選択できる	5・4・3・2・1
(2) 辞書を検索する前に、上記(1)で選択し、検索しようとしている語の意味や品詞を推測できる	5・4・3・2・1
(3) 上記(2)で推測した語の意味や品詞を辞書の中で確認できる	5・4・3・2・1
(4) 辞書で検索した意味を英文に当てはめて、意味が通るか、内容に合うか確認できる	5・4・3・2・1
(5) (1)～(4)の手順を繰り返す事で、英文の内容が理解できる	5・4・3・2・1

（5－できた、4－まあまあできた、3－どちらともいえない
2－あまりよくできなかった、1－できなかった）

　この自己評価のチェックリストを、辞書を用いた英文読解を行った後で、使用してみましょう。繰り返し活用することで、このリストにある手順を学習者が習慣として身につけるようになれば、次第に、リストなしでもメタ認知能力を効率的に活用できるようになるでしょう。

5 電子辞書の使い方に関する知識

★電子辞書と紙辞書の違いって？

　まずは紙辞書との違いについて明確にしておきましょう。一番の利点は紙辞書よりも「速く引ける」ということでしょう。最初の数文字を入力するだけでそれに該当する単語の候補が表示されるのですから、これほど便利なことはありません。どんどんと読み進めたい場合にはとても便利です。では、難点としては何が挙げられるでしょうか。まず、「多くの情報を一度に見ることができない」という問題があり、学習者がうまく辞書を使えない要因となっていると考えられます。以下はCASIO EX-WORD XD-D9800でtrainを検索した結果です。

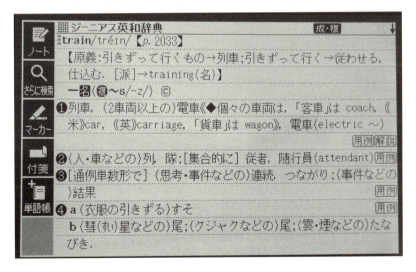

　学習者がこの画面を見てすぐにわかることは、trainが名詞であり、「列車、電車」という意味であることです。実は、trainには他の品詞の意味もあります。しかし、残念なことに、この画面からtrainの最初の意

味（第一義）だけを確認して検索を終えてしまう学習者は、意外と多いのです。用例や他の品詞項目を見ないまま辞書引きを終えてしまう学習者が多いのは、辞書情報の収録の仕方が紙辞書とは大きく異なる点にあるでしょう。電子辞書では、必要な記号を選んで自ら情報を取り出す作業をする必要があるのです。電子辞書を使いこなすには、どの記号を選択すればいいのか、あるいはどのような機能があるかを理解していることが重要になります。また、第2章の1を参考に、そもそも辞書にはどのような情報が記載されているかをしっかりと把握しておく必要があるでしょう。ここからは、まず基本的な単語の引き方について説明したうえで、電子辞書特有の便利な機能について紹介したいと思います。

★基本操作

> ★ Emi was trained as a nurse.

　たとえば、この英文中のtrainの意味を確認する場合を考えてみましょう。先ほどのtrainの検索画面では、名詞の意味のみが示されているだけでしたが、この英文のtrainは-edがついていることからも動詞であることがわかります。では他の動詞の情報はどこにあるでしょうか。スクロールあるいは「ページ送り」をしてみましょう。見つかりましたか。

　では、どのような意味なのでしょうか。もちろん意味（語義）を見て判断することもできますが、以下のように赤字で示されている「用例」アイコンの一番目のものを選択してみましょう。

第2章 辞書をうまく引くには、どんな力が必要？ 41

```
▓ジーニアス英和辞典                    成・複  ↑↓
  びき.
❺(軍)軍需物資輸送隊.
❻(機)(歯車などの)列;(物)(波動の)連続, 列.
 —動(~s/-z/;~ed/-d/;~・ing)
 —他
❶[SVO]〈人が〉〈人・動物〉を[…として/…に備えて]教育する, 訓
 練する, 鍛える(+up)[as / for];[SVO to do]〈人・動物〉を…する
 ように教育する, 訓練する;…に[作法・習慣などを]仕込む[in](
 ◇[類語比較]→teach)                          用例
❷〈枝など〉を好みの形に仕立てる                      用例
❸〈鉄砲・カメラなど〉を[…に]向ける[on, upon, 《まれ》at] 用例
 —自
❶トレーニングする;[…に備えて/…で]鍛える;体調を整える[
```

```
▓ジーニアス英和辞典                    成・複
【train】
¶train a child to respect his parents
 両親を敬うような子供に育てる
¶train horses for a race
 馬を競馬用に調教する
¶train the players for an important game
 大切な試合に備えて選手を鍛える.
¶プラスThese dogs are trained to detect explosives.
 その犬たちは爆発物をかぎ分けるよう訓練されている
¶プラスEvery clerk is well trained.
 すべての店員はよく訓練されています
¶プラスI hear the chef was trained in Paris.
 シェフはパリで修業したということだ
```

be動詞と一緒に受動態で使用されている用例があることに気づいたでしょうか。「訓練されている」と訳されていることがわかります。

★ 便利な機能
①成句検索機能
　よく使われる単語ほどその使い方は幅広く、全ての意味や用法を理解するには時間がかかります。またよく使われる単語は他の単語と一緒に使うことで、様々な意味を表現することが多いものです。そのようなときに便利なのが成句検索機能です。たとえば、次の英文を見てください。

Who will look after your baby if you are sick?

　lookとafterはいずれも中学で学ぶ単語ですが、それぞれの単語の意味を知っていてもしっくりこない場合は、lookとafterの2語で成句（2語以上の単語が組み合わさって、ある決まった意味をなすもの）ではないかと疑ってみましょう。英和辞典の画面を開くと「成句検索」という項目があります。成句検索の方法には大きく分けて2通りあります。ひとつはCASIO EX-WORDシリーズなどで使用される&でつなげる方法です。「look&after」と入力すると、その2語で構成される成句の候補が表示されます。もうひとつの方法は、SHARPなどで採用されている方法でスペル1の欄にlook、スペル2の欄にafterを入力すると同様の成句が表示されます。

第2章　辞書をうまく引くには、どんな力が必要？

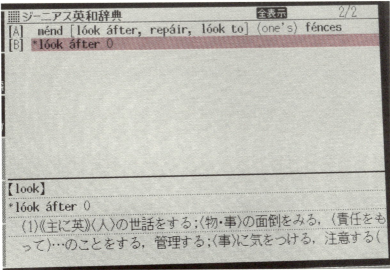

②例文検索機能

しかし成句検索で見つからない場合もあるでしょう。実は、成句かどうかを見極めるのはとても難しいのです。でも心配はありません。もし見つからない場合は、例文検索を成句検索と同じ要領で行ってみましょう。その語句を使った例文が表示され、意味や使い方を学ぶことができます。

③ジャンプ機能

たとえば、上記の look after の用例を見ていて、That car is well looked after. の well の使い方がわからない場合、その英文を表示したまま、well の意味を確認することができます。ジャンプ機能ボタンを押して、▼や▶でカーソルを移動させて調べたい単語を選び、「検索/決定」ボタンを押すと、関連情報のリストが出てきます。

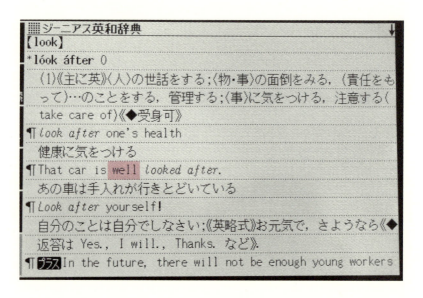

④履歴・ヒストリー・しおり機能

　電子辞書で単語を引くと、その履歴が残ります。英文を読み進める場合に、何度も引いてしまう単語があります。その場合に、引き直すのではなく、履歴を見ればそれまでに調べた単語が一覧でき、非常に便利です。

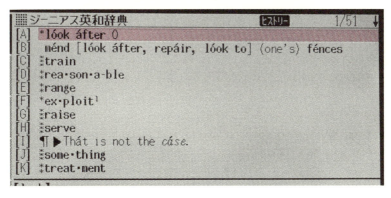

⑤スペル検索機能

　単語の綴りの一部しかわからない時などに便利な機能です。たとえば、

enthusiasticという単語の綴りが思い出せず最初と最後の部分的な綴りしかわからなくても、「en~tic」と見出し語検索欄に入力するだけで候補となる単語を表示してくれます。

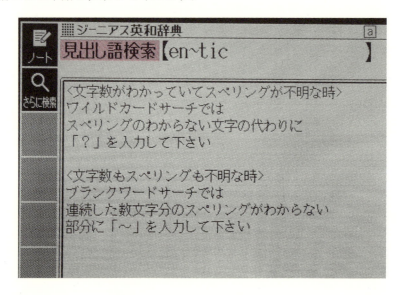

⑥スペルチェック機能

リスニングなどでまったく綴りがわからない場合に便利な機能です。⑤のenthusiasticという単語を聞いて、あてずっぽうにinsuziasticと検索欄にタイプしても、ちゃんとenthusiasticという単語を探し当ててくれます。

⑦複数辞書検索

たとえば、いつも使っている英和辞典には載っていない単語であっても、電子辞書に収録されている他の辞典(英和辞典、和英辞典、英英辞典、類語辞典)には記載されている場合があります。なかなか単語や熟

語が見つからない場合に複数辞書検索をすると調べたい単語を見つけられる可能性が高くなります。

⑧音声機能
単語や用例などの発音が聞けるのは電子辞書の大きな特長のひとつです。音声と綴りと意味の3つを学ぶことが単語を長期的に覚えるコツです。

＜最後に・・・＞
紙辞書もそうですが、たまにはじっくり電子辞書を読んでみましょう。紙辞書にはない機能や学習機能など新しい発見があるでしょう。

第3章
辞書力を鍛えよう―実践編

　ここからは、実践編になります。今まで本書を読み進めてきた読者の皆さんは、すでに辞書に必要な知識を一通り備えていると考えられます。それらの「知識」を「運用」につなげるための活動例をいくつか紹介します。活動によっては、個人で行えるもの、グループで行えるものがあります。難易度も、初級から中級者向けなど様々です。授業で使用することも考え、「解説」と「指導のヒント」を付けました。

Activity 1	用意ドンで、並んで整列！
レベル	★（初級）混在
スキル	アルファベット順（第2章　1）
個人・グループ	グループ

　辞書を引く時に必要な知識に「アルファベットの並び順」があります。特に紙辞書を用いる時、アルファベットの並び順の定着が、検索のスピードアップにつながります。この活動は、辞書を使わないので、気軽に授業に取り入れることができます。
＜準備するもの＞名前カード（自分の名前をアルファベットで記す）

図1．名前カード例

<活動の手順>
1. 各自で名前カードを準備する。
2. 「用意ドン！」の合図で、アルファベット順に整列する。
3. 最後に、その並び順で合っているかを教師が確認する。

解説と指導のヒント

　アルファベット順の知識があっても、その順序を素早く判断できるようになるには、ある程度の時間がかかります。そこで、この種の活動を行うことで、学習者の定着度を確認でき、更なる定着を促すことができます。この活動例では、「名前」を基に整列してもらっていますが、その時々で、「苗字だけ」や、「苗字と名前両方」を書かせた名前カードを準備させることで、難易度を調整できます。タイマーなどを用いて、制限時間を決めて行っても盛り上がります。

[More Activity]

　教科書の新出単語を利用した活動例です。

<準備するもの>

新出単語の印刷されたカード（グループ分）

most	level	such
place	disappear	solve
mystery	ancient	mysterious

> ＜活動の手順＞
> 1．各班に、単語ごとに切り離した単語カードを裏向きで配布する。
> 2．「用意ドン！」の合図で、その新出単語をグループごとで相談しながら、アルファベット順に整列する。
> 3．並び替えられたと思ったチームは、挙手する。
> 4．早かったグループの内、アルファベット順が正確だったチームが優勝！

　このような活動は、本文に入る前に行うことで、自宅での辞書引き活動の準備になります。活動後に、単語調べプリント（下記参照）等を配布して、新出単語をアルファベット順に書き写す作業に時間を取り、残りのプリントを完成させることを宿題とすることもできます。

単語調べプリント（Lesson 7）

新出単語	意味	品詞	例文
ancient			

Activity 2　形容詞が変身！？

レベル	★（初級）
スキル	形容詞の比較級（第2章　1）
個人・グループ	個人

　形容詞は比較級や最上級で使われる場合にその形を変化させます。語尾に -er をつけるもの、あるいは単語の前に more をつけて比較級とな

るものもあります。でも一番その変化が大きいのが不規則に変化するものです。

> 次の英文中の**worse**はどのような意味でしょうか。
>
> 実はこれはみなさんがよく知っている単語の比較級です。でも同じ比較級でもその元の単語（原級）は異なります。
>
> **＜解答の手順＞**
> 1．英文からその意味を考えてから、**worse**を辞書で調べましょう。
> 2．用例を抜き出しましょう。
>
> [問題]
> 1．The weather is **worse** today than it was yesterday.
>   ①意味：
>   ②原級：
>   【③用例：   】
> 2．I feel a little **worse** today.
>   ④意味：
>   ⑤原級：
>   【⑥用例：   】

[解答]　①より悪い　②bad　③辞書で調べよう　④もっと気分がすぐれない　⑤ill　⑥辞書で調べよう

解説と指導のヒント

①はbadの比較級、②はillの比較級です。また、辞書を丁寧に読んでみるとworseは副詞であるbadly, illの比較級であることもわかりますね。用例としては、Dick plays the violin worse than Ann.などがあります。

[More Activity]

そのほかの形容詞の不規則変化についても確認しておきましょう。次

の不規則変化をする形容詞を「辞書引き競争」で調べさせてみましょう。

/6

辞書引き練習

次の形容詞を辞書で引いて、その原級とその用例を書き入れましょう。タイムを測りましょう。

1．less　　［①原級：　　　　　］
【②用例：　　　　　　　　　　　　　　　　　　　　　　　】
2．more　　［③原級：　　　　　］
【④用例：　　　　　　　　　　　　　　　　　　　　　　　】
3．better　［⑤原級：　　　　　］
【⑥用例：　　　　　　　　　　　　　　　　　　　　　　　】

タイム：　　分　　秒

Activity 3	たくさんの顔を持つ単語！
レベル	★★（中級）
スキル	多義語（第2章　2）
個人・グループ	個人

　日常的によく使われる単語の中には多くの意味を持つものがあります。「自分の知っている意味ではどうもしっくりこないなぁ」と思った時にはその単語の意味を辞書で丁寧に引いてみましょう。

第3章　辞書力を鍛えよう―実践編　53

/6

<解答の手順>
1．辞書で nice を調べたうえで、下線部を訳しなさい。
2．各意味の用例を辞書から抜き出して書きましょう。

[問題]
(1)　A： Nice to meet you.　(①訳：　　　　　　　　　　)
　　B：Nice to meet you too.
【②用例：　　　　　　　　　　　　　　　　　　　　　　】
(2)　A：I'm going to visit Yakushima.
　　B：That sounds nice .　(③訳：　　　　　　　　　　)
【④用例：　　　　　　　　　　　　　　　　　　　　　　】
(3)　A：My host family is very busy. They don't take me anywhere.
　　B：Your host family has its good points. Try to find them. They're nice people.
(⑤訳：　　　　　　　　　　　　　　　　　　　　　　　)
【⑥用例：　　　　　　　　　　　　　　　　　　　　　　】

[解答]　①初めまして。　②辞書で調べよう　③それはいいわね。
　　　　④辞書で調べよう　⑤彼らは良い人たちだ。　⑥辞書で調べよう

解説と指導のヒント

　このようにnice, see, saveなどはよく使われる単語で中学1年生や2年生で学習する単語ですが、その意味は1つではありません。また意味を多く含んでいるので日本語にしにくいものもあります。日常的に使われるからこそしっかりと身につけておく必要があります。

[More Activity]
　ここで扱った使い方以外にもniceは慣用句的に多くの場面で使われ

ます。たとえば、Nice meeting you. これは Nice to meet you. と同じ単語が使われていますが、meetがing形になっています。どのようなときにこの表現が使われるかを生徒たちに質問してみましょう。これによりさらに辞書を読む機会を与えることができますね。「お会いできてよかったです。」という意味であり、初対面の人と別れる時の表現として使われることを学べば初対面の人と会話の終わり方がわかるので便利ですね。このようなことも辞書を丁寧に読むことで発見できます。

次に、たとえば、「お話しできて楽しかったです。」と表現したいときにはどのような表現が考えられるか生徒たちに考えさせてみましょう。Nice talking to you. という表現も辞書には必ず記載されていますので、この表現も確認することができますね。

Activity 4	ちょっと待って！少し考えてみよう
レベル	★★（中級）
スキル	成句の推測（第2章　2＆3）
個人・グループ	個人

次の英文中のturnの中心となる意味は「回転させる、回転する、曲がる」などです。まずはこのコアとなる意味を確認しておきましょう。そのうえで、次の英文中のturnの意味を考えてみましょう。意味を予測してから辞書を引く方が正しい意味に早くたどり着く可能性が高くなります。

第3章　辞書力を鍛えよう―実践編

/6

英文を読み以下の問題に解答しましょう。

We need to use less energy. So we should start saving energy. How can we do this? (a)We can **turn** off the lights when we leave a room. (b)We can **turn** down air conditioners and heaters.

1. 波線部＿＿＿ではどのような内容が述べられていますか。
[①要点：　　　　　　　　　　　　　　　　　　　　　　　　　]
2. 英文(a)はどのような意味だと推測できますか。
[②推測：　　　　　　　　　　　　　　　　　　　　　　　　　]
3. 英文(a)からturnを使った成句を抜き出し、辞書で意味を調べましょう。
[③成句：　　　　　　　　④意味：　　　　　　　　　　　　　]
4. 英文(b)も英文(a)と同じ要領で意味を調べましょう。
[⑤成句：　　　　　　　　⑥意味：　　　　　　　　　　　　　]

[解答]　①どのようにエネルギーを節約すべきか　②私たちは部屋を出るとき電気を消すことができる　③turn off　④消す　⑤turn down　⑥弱くする

解説と指導のヒント

　熟語などの表現は辞書を最後までよく読まないと見落としがちです。だからこそ、事前の推測が役に立つのです。やみくもに辞書を読むのではなく、辞書から必要な（正しい）情報を効率的に探すには前もってその意味を予測する習慣をつけておくことが辞書引きには非常に重要になります。また、このような基本動詞には実にたくさんの熟語があります。そのほとんどが日常的によく使われる表現です。これらの表現を確認し、身につけていくことが英語の達人への近道になるでしょう。

[More Activity]

　Turnを使った熟語はそのほとんどを簡単にジェスチャーなどで表現することができます。体を使ってよく使われる表現を覚えることは効果的だと言われています。各熟語の意味をあらかじめ辞書で確認させておいてから、以下の活動を行いましょう。

> ジェスチャーゲーム
> お友達と一緒にやってみよう！
> 次の英文の指示に従って、ジェスチャーしてください。
> 　①Turn around and wave to me.
> 　②Turn away from the blackboard.
> 　③Turn up the TV.
> 　④Turn off the lights.
> 　⑤Turn over the pages of a textbook.

Activity 5　あれ？形容詞じゃなかったの？

レベル	★★〜★★★（中級）
スキル	品詞の推測（第2章　1＆3）
個人・グループ	個人

　単語の中には1語に形容詞、動詞、名詞、副詞など複数の品詞を持つものがあります。品詞が違えばまったく異なる意味をもつものもあります。そのような多品詞の単語があることを学ぶことを通して、辞書を引くときに、最後の品詞や意味まで目を通す習慣をつけましょう。

第3章 辞書力を鍛えよう―実践編　57

　次の英文中のrightの品詞を答えなさい。波線が引いてある単語の品詞を参考に考えてみましょう。自分の解答を辞書で確認しましょう。また、その意味も書き込みましょう。

/6

1. She is the **right** person for the job.（①品詞：　　）（②意味：　　）
　　（名詞）
2. Turn **right** at the next corner.（③品詞：　　）（④意味：　　）
　（動詞）
3. You have no **right** to open my letters.（⑤品詞：　　）（⑥意味：　）
　　（形容詞）

[解答] ①形容詞　②適切な　③副詞　④右へ　⑤名詞　⑥権利

解説と指導のヒント

　water, e-mail, butter, handなど生徒にとっては名詞としてしか認識していない単語は多いです。名詞として覚えているのに動詞も兼ね備えている単語を知っていることで、ぐんとその単語を活用できることになります。そのほかにもhard, well, plan, free, plant, lightなどが多品詞の単語です。

[More Activity]　自分で調べみよう！

動詞は誰？

次の単語のうち、動詞の意味を持つ単語に○をつけましょう。

　　water　ice　butter　hand　iron　tape
　　fish　party　e-mail　number　salt

辞書で自分の解答を確認しましょう。

［解答］water, butter, hand, iron, tape, fish, e-mail

Activity 6	どう違うの？ take と bring
レベル	★★（中級）
スキル	イメージをつかむ（第2章　2）
個人・グループ	グループ

　goとcomeやtakeとbringなど、どのように使い方が違うのかあいまいな単語はたくさんあります。それをそのままにしているとやはり使えるようにはなりませんよね。辞書で楽しく確認してみましょう。

/2

　ペアになって、take, bringをそれぞれ辞書で調べてその違いを把握しましょう。そのうえで、傘とグラスを使って以下の英文をペアで演じてください。

①A：Take an umbrella with you.
　B：OK.
②A：Bring a glass of water to me.
　B：Sure.

［解答］①AさんがBさんに傘を渡す。または、Aさんの説明を聞いたBさんが自ら傘を手に持つ。②Aさんが依頼してBさんが持ってくる。

解説と指導のヒント

　これまでに教科書で扱われた単語のなかで、使い方があいまいなもの

については、確認するようにしておくといいでしょう。特にジュニア版の英和辞典にはイラストなどでうまくニュアンスの違いを説明しているものがたくさんありますので、活用してみてください。

[More Activity]

　自分のもっている『ハウディ英和辞典』『マイスタディ英和辞典』『チャレンジ中学英和辞典』などのジュニア版の英和辞典、あるいは先生や友達にジュニア版の英和辞典を1冊借りてください。辞書の最初の数ページにコラムの索引や使い分けについての索引が記載されているでしょう。その中から自分の興味ある使い分けの解説を選んで友達に紹介してみましょう。

Activity 7	どう違うの？ interesting と interested
レベル	★★（中級）
スキル	用例を見よう（第2章　1）
個人・グループ	グループ

　ペアになり、1人はinterestingの用例を複数の辞書のコピーからできる限り集めましょう。もう1人はinterestedの用例をできる限り集めましょう。それぞれのリストを比較してinteresting, interestedの違いをとなりのペアに説明する準備をしてください。

　最後に自分で各単語を使って英作をしてみましょう。

活動シート例

A　interestingの用例を集めよう。
1.
2.

B　interestedの用例を集めよう。
1.
2.

Writing Activity
各単語を使って自分のことについて表現してみよう！
1. _____(interesting)
2. _____(interested)

解説と指導のヒント

　これらの活動の準備として、複数の辞書から各単語の語義や用例箇所をコピーしておきましょう。たくさんの用例に触れて学ぶことで、自ら学ぶ力を少しずつ身につけていきましょう。excitingとexcited、surprisingとsurprisedなどが教科書で扱われたときに確認するようにしておくといいでしょう。

[More Activity]

　クラスで紛らわしいと思っている単語をいくつか挙げてもらいましょう。まずはどのような違いがあるのか推測したうえで、同じ要領で、調べ学習をさせてクラスで発表するとそれらの単語について深い知識を得

られるとともに記憶にも残りやすくなるでしょう。

Activity 8	数えられる？数えられない？
レベル	★★（中級）
スキル	可算名詞と不可算名詞（第2章　1）
個人・グループ	個人

　名詞には数えられる名詞と数えられない名詞があります。単語によっては、意味に応じて、可算と不可算、両方の用法を持つ名詞もあります。辞書の C U の表記や用例等を活用し、これらの判別がつくようにすることがこの活動の目的です。

/8

　（　）内の単語は、可算名詞と不可算名詞、両方の意味を持ちます。辞書で調べ、それぞれの文脈では、どちらの意味になるか、（　）内から選び答えなさい。また、それぞれの意味を書きなさい。

1. **glass**
   a）I wear my (①glass/ glasses) when I study.（②意味：　　）
   b）Cinderella wears slippers made of (③glass/ glasses).
   　（④意味：　　）
2. **paper**
   a）The shop clerk wrapped the present in beautiful gold (⑤paper/ papers).（⑥意味：　　）
   b）My father asked me to buy (⑦a paper/ paper) at the drugstore.（⑧意味：　　）

[解答] ①glasses　②めがね　③glass　④ガラス　⑤paper　⑥紙
　　　　⑦a paper　⑧新聞

解説と指導のヒント

　辞書を調べるとき、CUの記号に意識を向けていない学習者は多く存在します。しかし、可算か不可算かによって、意味が変化する可能性があります。この活動を通じ、学習者にこの記号の意味を理解し、意識を向けるようになってほしいと思います。

　この活動を行うときには、事前に、可算名詞の場合、前に冠詞（a, an）や語尾に複数形の-sが付くこと、一方、不可算名詞の場合は、原形で用いられることを確認すると、スムーズに進みます。

　指導後には、それぞれ可算名詞だったか不可算名詞だったか、意味と合わせて確認しましょう。

[More Activity]

　可算か不可算かによって、その単語が持つ意味がどのように変化するか、辞書に記載されている場合があります。例えば、次の活動で扱うcakeは、ジーニアス英和辞典（第4版）では、「◆切り分ける前のものはC, 切り分けた後のものはU.」と記載されています。

> **cake** /kéɪk/【原義: 平たいパン】
> ──名（複 ~s/-s/）❶ a) UC《◆切り分ける前のものはC, 切り分けた後のものはUで some ~ などという》ケーキ, 洋菓子《カステラ風の菓子の総称; pudding や pie は cake とはいわない; 饗(きょう)宴の象徴》‖

どんなケーキ？

以下の2種類の会話を読み、Ayaのケーキがどんな物だったか想像しながら、以下の問いに答えましょう。

【会話1】
Mom: I baked you a birthday ①cake. How do you like it?
Aya: Oh, it's beautiful,… and so huge. Thanks, mom.

【会話2】
Mom: I bought you a piece of chocolate ②cake for your birthday.
Aya: Thank you! I love it.

問1．下線部①と②のケーキは、ホールケーキですか？カットケーキですか？予想してみましょう。

問2．辞書で調べて、答えを確認しましょう。

[解答]　①は、切り分ける前のホールケーキ、②は、カットケーキ。

〈引用させていただいた辞書と本書の掲載ページ〉

★英和辞典

『Challenge 中学英和辞典』（ベネッセコーポレーション）
　・実践編 Activity 3 More Activity, Nice meeting you（p.53）
　・実践編 Activity 5 用例②（p.56）

『ジーニアス英和辞典（第4版）』（大修館書店）
　・つめ見出し、はしら、見出し語（p.16）・enjoy（p.17）・kind（p.18）・painful（p.18）・broken（p.19）・hair（p.19）・food（p.20）・uselessness（p.22）・cake（p.62）
　・実践編 Activity 2 用例②（p.50）

『グランドセンチュリー英和辞典（第3版)』（三省堂）
　・dictionary 他（表紙裏の写真）
　・first floor（p.28）insist（p.30）

『ハウディ英和辞典（第4版)』（講談社）
　・count（p.25），perhaps（p.25），cross（p.26）

『ルミナス英和辞典（第2版)』（研究社）
　・come の語法（p.27）・test のコロケーション（p.29）

『マイスタディ英和辞典』（旺文社）
　・この辞典の使い方（p.15）
　・前置詞のイメージ（p.26）
　・実践編 Activity 2 用例①（p.50）
　・実践編 Activity 5 用例①③（p.56）
　・実践編 Activity 6 用例①②（p.58）

『オーレックス英和辞典（第2版)』（旺文社）
　・take part in（p.23）・nine to five　nine eleven（p.24）

『新英和大辞典（第6版)』（研究社）
　・shake one's head の用例（p.21）

『ユースプログレッシブ英和辞典』（小学館）
　・consist of のコーパスパネル（p.30）-sist（語根）（p.31）

★電子辞書『ジーニアス英和辞典（第4版）』
EX-WORD XD-D9800（CASIO）
　・Trainに関する画面3つ（p.39, 41）
　・Look afterに関する画面5つ（p.43, 44, 45）
　・スペル検索en~ticの画面1つ（p.46）

★検定教科書
『NEW HORIZON 2』（p.12, p.43）（東京書籍）
　　実践編Activity 3の英文(2)(3)（p.52）
『TOTAL ENGLISH 2』（p.101）（学校図書）
　　実践編Activity 1［More Activity］の新出単語（p.49）
『TOTAL ENGLISH 3』（p.49）（学校図書）
　　実践編Activity 4の英文（p.54）

〈主な参考文献〉

Haynes, K. (1993) Patterns and perils of guessing in second language reading. In T. Huckin et al (eds.), Second language reading and vocabulary acquisition. Norwood, Ablex.
勝野頼彦(2013)「教育課程の編成に関する基礎的研究報告書５―社会の変化に対応する資質や能力を育成する教育課程編成の基本原理」『平成24年度プロジェクト研究調査研究報告書』(www.nier.go.jp/kaihatsu/pdf/Houkokusho-5.pdf)
文部科学省(2009)『高等学校学習指導要領』
(http://www.mext.go.jp/component/a_menu/education/micro_detail/_icsFiles/afieldfile/2011/03/30/1304427_002.pdf)
中山夏恵・大崎さつき(2009)「読解における効果的な電子辞書指導を目指して―辞書スキル特定のためのインタビュー結果から―」『共愛前橋国際大学論集』第９号、pp61-79.
中山夏恵・大崎さつき(2010)「どうして辞書が使えないのだろう？―辞書指導を考える―」『高校英語―授業の道具箱』東京書籍Eネット.
Neuback, A. and D. Cohen (1998) Processing strategies and problems encountered in the use of dictionaries. Dictionaries: The Journal of the Dictionary Society of North America, 10: 1-19.
大崎さつき(編)(2013)『メタ認知促進のための学習支援法の開発と実践的活用に関する統合的研究』(科学研究費補助金基盤研究(C)研究成果報告書)
大崎さつき・中山夏恵 (2011)「リメディアル教育における辞書指導のための研究」『日本リメディアル教育研究』6 (1). 47-54.
Scholfield, P. (1982) Using the English Dictionary for Comprehension, TESOL Quarterly, 16, 185-194.

【著者紹介】

中山　夏恵（なかやま・なつえ）

　共愛学園前橋国際大学准教授。専門分野は、英語教育、電子辞書研究、異文化アプローチによる言語教育など。主な論文：「辞書指導で学習者の自律性を高める―活動例あれこれ―」。『英語教育』(大修館書店、2008年2月号)。主な著書：『新しい時代の英語科教育の基礎と実践―成長する英語教師を目指して』(共著、2012、三修社)、『Prominence Communication English 1』(高校英語検定教科書、共編著、2013、東京書籍)など。

大崎さつき（おおさき・さつき）

　創価大学准教授。専門分野は、英語教育、電子辞書研究、辞書指導におけるメタ認知能力向上に関する研究など。主な論文：「リメディアル教育における辞書指導のための研究」。主な著書：『わかりやすい英語教育法　改訂版』(共著、2013、三修社)、『Oxford Advanced Learner's Dictionary 8th edition：OALD活用ガイド』（共著、2010、旺文社）『All Aboard! Communication English 1』(高校英語検定教科書、共編著、2013、東京書籍)など。

一(いち)からはじめる英和辞典
メタ認知能力を身につけよう

平成27年3月7日　初 版 発 行

著　者　中山　夏恵・大崎　さつき

共愛学園前橋国際大学
〒379-2192　群馬県前橋市小屋原町1154-4
TEL　027-266-7575（代表）

発　行　上毛新聞社事業局出版部
〒371-8666　前橋市古市町1-50-21
TEL　027-254-9966

Ⓒ2015　NAKAYAMA, Natsue　OSAKI, Satsuki